Couvertures supérieure et inférieure manquantes

LA SÉNÉCHAUSSÉE DE NORMANDIE

ACADÉMIE DES SCIENCES, BELLES-LETTRES ET ARTS DE ROUEN

LA SÉNÉCHAUSSÉE DE NORMANDIE

RÉPONSE

Au Discours de réception de M. Ch. LEGAY

PAR

M. Ch. de BEAUREPAIRE
PRÉSIDENT

ROUEN
IMPRIMERIE DE ESPÉRANCE CAGNIARD
rues Jeanne-d'Arc, 88, et des Basnage, 5

1883

LA SÉNÉCHAUSSÉE DE NORMANDIE

RÉPONSE

Au discours de réception de M. Ch. Legay

Par M. Ch. de BEAURERAIRE, Président

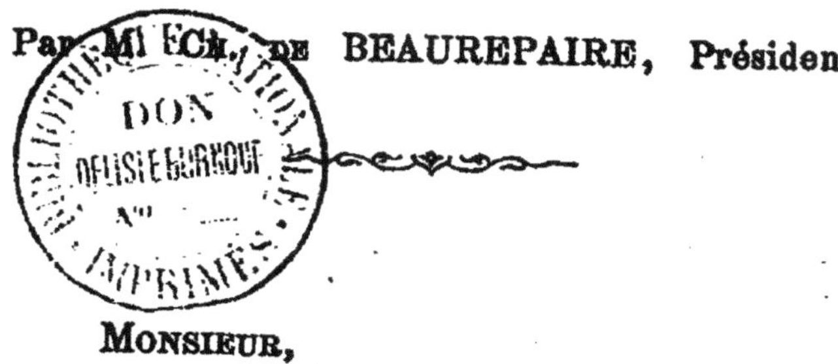

Monsieur,

Vous ne vous êtes pas trompé en pensant que vos nouveaux confrères accueilleraient avec faveur, comme don de bienvenue de votre part, une étude sur un sujet emprunté à notre ancien droit normand.

De tous les monuments de notre histoire provinciale, qu'on l'envisage au point de vue de la langue, ou bien à celui de la jurisprudence et des institutions, en est-il beaucoup de plus intéressants que notre vieille coutume de Normandie? En est-il qui permette de juger avec plus de sûreté du caractère spécial et de la civilisation du peuple qui la suivait?

Et pourtant est-elle en estime parmi nous ainsi qu'elle mériterait de l'être? Fiers à bon droit de nos littérateurs et de nos artistes, avec lesquels nous entrons plus facilement en commerce, n'oublions-nous pas une de nos gloires les plus solidement établies, gloire d'un genre plus sevère, que personne ne peut revendiquer en propre; qu'on ne nous demandera de consacrer ni par des inscriptions, ni par des statues, mais qui semble le produit naturel du bon sens populaire et de la *sapience* de tous, puisque l'idée de coutume exclut celle d'un législateur unique, imposant ses oracles à la façon d'un Théodose ou d'un Justinien?

« Nous sommes, écrivait, en 1873, un magistrat éminent, M. Antoine Blanche, nous sommes, dans ce pays, quelquefois peu soucieux de nos richesses. On a publié maintes et maintes fois les *Etablissements* de saint Louis, qui ne sont peut-être pas de ce grand roi. La *Somme rurale* de Boutillier, le *Livre de Justice et de Plet*, le *Conseil* de Pierre de Fontaines, ont eu des éditions dans ces dernières années. Quant à notre vieux Coutumier, qui ne le cède à aucun de ces ouvrages, c'est à peine si on en trouve quelques anciens exemplaires dans la poussière de nos Bibliothèques : il n'est plus en honneur que dans les îles anglaises de la Manche. »

Ce reproche, inspiré par le patriotisme, ne paraîtrait peut-être plus, à l'heure qu'il est, suffisamment justifié.

Nous savons, en effet, Monsieur, que, pénétré de l'importance qui s'attache, pour un esprit sérieux, à l'étude de notre ancien droit, vous avez pris soin d'établir le texte du document vanté par M. Blanche, en vous aidant d'un des plus précieux manuscrits de la

Bibliothèque de Rouen. Vous vous étiez mis avec ardeur à ce travail, pour répondre au vœu d'un homme aussi compétent, pour satisfaire à la demande qui vous en avait été faite directement par le Conseil de la Société de l'Histoire de Normandie. Nous nous applaudissions de vous avoir vu vous charger de cette tâche qui, comprise comme elle doit l'être, n'était pas sans présenter de très grandes difficultés. Un sentiment d'extrême modestie vous a déterminé, malgré nos réclamations, et bien que votre travail fût déjà fort avancé, à céder la place à un plus jeune confrère, auquel de plus longs loisirs permettaient, à votre avis, des recherches plus complètes et plus suivies, à l'effet de comparer entre eux les manuscrits de notre coutume conservés dans les principales bibliothèques publiques de l'Europe. Nous regrettons moins votre détermination, depuis que nous avons été à même de reconnaître que M. Joseph Tardif avait pleinement justifié votre confiance, en nous donnant un excellent texte de cette compilation connue sous le nom de *Très ancien Coutumier de Normandie*, laquelle a précédé de plusieurs années la rédaction de l'*Ancien Coutumier*. Mais, du moins, il vous restera toujours les connaissances approfondies que vos études vous ont acquises. Nous espérons que vous ne refuserez pas de nous en faire profiter; nous en profitons aujourd'hui même par la savante étude dont nous venons d'entendre la lecture.

Vous y avez mis dans tout son jour un fait que M. Blanche avait pressenti avec cette sagacité qui n'est pas moins indispensable pour l'étude de l'histoire du droit que pour l'interprétation des lois qui nous régissent. N'ayant rien à objecter contre votre démonstration, je m'en tiendrai, puisque l'usage exige que je vous entretienne quelques instants, à un sujet auquel vous avez fait allusion dans votre discours : je veux parler de l'office du Sénéchal de Normandie.

Les renseignements les plus positifs que j'aie pu me procurer sur cet office m'ont été fournis par Thomas Stapleton dans ses deux introductions aux Rôles de l'Echiquier de Normandie; par M. Léopold Delisle, dans son mémoire, resté malheureusement inachevé, concernant les *Revenus publics de notre province* au XIIe siècle et dans ses *Observations sur un fragment d'un rôle de l'Echiquier* de 1184; par M. Joseph Tardif, dans son introduction au *Très ancien Coutumier*.

Les textes cités dans ces divers ouvrages nous font voir dans le Sénéchal le premier dignitaire de la cour de nos ducs, le représentant le plus élevé de l'autorité souveraine quant à l'administration de la justice et au contrôle des finances. Henri Ier et Henri II parlent de lui comme d'un homme qui avait charge d'administrer leur justice par toute la Normandie. Aussi son nom était-il moins celui de Sénéchal ou de *dapifer* que celui de *justitia capitalis*, ou, tout simplement, de *justitia*. Vers le milieu du XIIe siècle, un Sénéchal se qualifie ainsi dans un acte : « Par devant moi, qui étais la justice de Normandie. » Wace, dans le *Roman de Rou*, emploie la même expression, expression officielle, expression populaire, et très significative dans sa simplicité. Un de nos ducs, dispensant, par une charte de l'année 1110, l'abbé de Saint-Pierre-sur-Dive de comparaître devant tout justicier autre que celui de son ressort, pose cette exception : *nisi coram me, vel coram proprio j. itiario qui super omnes alios, vice mea, justitiam tenet.* C'était indiquer nettement que l'autorité de ce magistrat n'était pas différente de celle du souverain lui-même. Ceci étant, rien de plus naturel que de le voir présider les Échiquiers, celui des comptes, comme celui des causes, soit que ce fût en vertu de son office, soit que ce fût en vertu d'une commission spéciale. Il est à remarquer que sa charge, par cela, sans doute, qu'elle supposait la confiance absolue du prince, ne fut jamais inféodée, ainsi que le furent les autres charges de la couronne, celle de connétable, de maréchal, de panetier et autres.

On a conservé les noms de quelques-uns des Sénéchaux. Ce sont ceux de Raoul Torte, sous Richard Ier; de Guillaume fils d'Osbert, sous Guillaume-le-Conquérant; d'Odon, évêque de Bayeux, sous Henri Ier; de Rotrou, évêque d'Evreux, sous Henri II. On connaît encore Richard de la Haye, Robert du Neubourg, Robert de Courcy, décédé vers 1176; Robert, évêque de Winchester, qui succéda à Courcy; Guillaume Fitz Ralph, de 1178 à 1200; Guérin de Glapion, en 1200; Raoul Tesson qui était encore en fonction lorsque Philippe-Auguste fit la conquête de la Normandie, et qui était, en même temps, capitaine du château de Caen. C'est à un clerc du Sénéchal que M. Joseph Tardif attribue, non sans vraisemblance, le première partie du *Très ancien Coutumier*. Le même auteur signale les modifications introduites dans la procédure par Guillaume Fitz Ralph, ce qui prouve que les réformes législatives n'étaient point absolument étrangères à ses attributions.

Après l'expulsion des Anglais et la réunion de la Normandie à la France, on ne rencontre plus de fonctionnaire qui porte le titre de Sénéchal dans notre province.

Ce changement n'a rien qui doive surprendre. Philippe-Auguste avait supprimé, en 1191, la Sénéchaussée de France, dont le dernier titulaire fut Thibaud, comte de Blois, décédé au siège de Saint-Jean-d'Acre cette année-là. Les fonctions attachées à cet office faisaient double emploi avec celles des grands baillis que ce prince venait d'établir. Elles ne pouvaient d'ailleurs que lui être odieuses, parce qu'elles astreignaient celui qui les exerçait à un acte de foi et d'hommage envers les comtes d'Anjou, qui jouissaient héréditairement de la dignité, purement nominale, il est vrai, de grand Sénéchal, en vertu d'une concession de Robert Ier. Avec un roi jaloux, comme l'était Philippe-Auguste, des droits de l'autorité souveraine, c'était plus qu'il n'en fallait pour lui faire prendre en haine un titre qui servait à relever l'éclat d'une famille, autrefois simple vassale, devenue une rivale des plus redoutables, depuis qu'elle avait hérité du duché de Normandie et de la couronne d'Angleterre.

Cependant le souvenir de la Sénéchaussée se conserva en Normandie, moins sans doute par l'effet des services qu'elle avait pu rendre, que par la mention qu'en fit, dans sa compilation, l'auteur, inconnu du *Coutumier de Normandie*.

Voici le passage tel qu'il a été publié dans l'édition de 1510 :

« Anciennement souloit décourir par Normandie ung justicier greigneur des justiciers devant ditz qui estoit appelé le Seneschal au prince. Il corrigoit ce que les autres bas justiciers avoient délinqué et gardoit la terre du prince; les lois et droitz de Normandie il faisoit garder. Et ce qui estoit moins que deuement fait par les baillifz il le corrigoit et les ostoit du service du prince, s'il veoit qu'il les convint oster. Il visitoit les forestz et les hayes du prince, et révoquoit les forfaitz, et s'enquéroit comme ilz estoient traictéz. Les usages et les coutumes d'iceulx il commandoit à garder, et les droitz, à chacun euz d'ancienneté, par chartre confermée, il délivroit. Et les droitz du prince si directement conservoit qu'en l'observance d'iceulx il ne grevoit aucun des subjetz. Des forfaictures des forestz, feust en arbres ou en bestes sauvages ou en francz oyseaulx, il s'enquéroit; et ceulx qu'il en trouvoit coupables il les chastioit par le meuble ou par détencion de prison de leurs personnes, s'ilz n'avoient meuble qui fust suffisant pour le mal fait. La paix du pays fermement il entendoit à faire garder; et ainsi, en décourant par Normandie, de trois ans en trois ans, il visitoit chacunes parties et bailliages d'icelluy pays. » J'abrège la citation qui, je le crains, a déjà paru trop longue, et je laisse de côté un passage, évidemment interpolé qui concerne les cours d'eau.

Le même chapitre, publié par extrait dans le *Glossaire* de Ducange, présente, comparé à celui qui précède et à ceux que donnent plusieurs éditions, de telles différences, que je ne puis guère, je l'avoue, me les expliquer sinon en considérant les divers textes français comme des traductions plus ou moins libres d'un texte latin, lequel n'a point connu de pareilles variations, et serait le texte original et primitif. La longue énumération des fonctions attribuées au Sénéchal dans le *Coutumier* me porte aussi à croire que la rédaction de ce document a dû suivre de très peu d'années la suppression de cet office. A la fin du XIIIe siècle le souvenir en eût été perdu. L'idée d'en parler n'eût pu venir à l'esprit d'un jurisconsulte.

Cependant cette mention, faite par un praticien de la cour de nos ducs, produisit des effets singuliers, et que raisonnablement on n'eût pas dû attendre, s'il n'était dans la destinée des hommes, même les plus sensés, d'être dupes des mots et de se déterminer quelquefois par les circonstances les plus futiles.

Il y avait plus de deux siècles qu'on n'avait entendu parler de Sénéchal en Normandie; que les baillis les remplaçaient, sans qu'on songeât à l'établissement d'une haute juridiction plus favorable aux intérêts de l'État et des particuliers; il y avait plus d'un siècle que la partie de leurs attributions relative aux forêts était passée à des Commissaires royaux connus sous le nom de maîtres enquêteurs ou de généraux réformateurs des eaux-et-forêts, lorsque les Anglais se rendirent maîtres de la Normandie, en s'annonçant moins comme des conquérants que comme des restaurateurs des libertés publiques. J'ai eu l'occasion de le dire dans un mémoire lu à cette Académie : « L'appât par lequel le parti du duc de Bourgogne avait réduit une partie de la nation et l'avait détachée de l'obéissance due au légitime souverain pour la ranger sous le sceptre du roi d'Angleterre, c'était la défense des franchises du pays, méconnues ou violées par les Armagnacs. Le gouvernement anglais (c'est une justice à lui rendre) ne s'aveugla pas sur la valeur des victoires qu'il avait remportées au point de mépriser ouvertement, après les avoir invoqués pour en tirer parti, les principes qui avaient si heureusement servi la politique de son allié. Il protesta de son zèle pour la défense des immunités ecclésiastiques ; il respecta l'autonomie de la Normandie, bien que ce fût pour lui le pays de conquête, par opposition aux contrées dont il devait la possession aux stipulations du traité de Troyes ; il confirma ses privilèges et ses coutumes. Il fit plus : il lui rendit ses assemblées d'États, interrompues depuis longtemps, et qui même ne s'étaient jamais tenues d'une manière régulière ; et il ne manqua pas de les convoquer exactement, chaque année, pour le vote des impôts. » Par l'effet de la même politique, et pour se donner l'apparence de tout réformer, trouvant dans le *Coutumier* une mention d'un Sénéchal de Normandie, qui avait existé au temps des ducs, il en rétablit le titre qui fut successivement porté par Richard Wideville, par Guillaume Oldhalle et par

Thomas de Scales. Les lettres d'institution de Wideville, du mois de septembre 1423 (1); portaient qu'il était établi « pour garder les lois du pays, et ce qui étoit fait injustement par les baillifz et autres officiers corriger; déterminer les plaintes qui souventes fois se font par les gens du pays; les malfaicteurs et délinqueurs et les serviteurs et officiers du prince corriger, et dudit service, s'il estoit trouvé faulte, les oster, suspendre et desmettre; de trois ans en trois ans les forests et hayes visiter; les droiz de son prince garder; chastier et corriger ceulx que par information trouveroit estre coulpables de malfaict; garder la paix du pays, veoir et visiter de trois ans en trois ans toutes les parties et bailliages dudit pays; enquérir très diligemment par lesdits bailliages, les exepts et délis que l'on y commettoit chaque jour, tant de larrecins, ravissemens de femmes, de murtres, de feulx boutez, et de tous autres crimes et délis faire justice au pays. »

Ce sont, à quelques variantes près, les fonctions du Sénéchal, telles qu'elles sont indiquées au *Coutumier*.

Mais il est difficile de copier les institutions du passé; propres à une époque, elles ne conviennent plus à une autre. Ce sont des rouages qui ne fonctionnent pas isolément, et dont on cherche vainement un emploi utile, dès qu'il s'agit de les adapter au système administratif en vigueur. Aussi, soit dit en passant, ne comprenons-nous pas plus ceux qui craignent que ceux qui

(1) Elles sont rappelées dans les Comptes de Surreau, receveur général de Normandie, que nous avons publiés par extraits dans les Mémoires *de la Société des Antiquaires de Normandie*.

espèrent le retour à un ancien régime quelconque. Que les uns et les autres se désabusent, en songeant que c'est déjà peut-être un effort au-dessus de notre puissance que d'essayer de comprendre les siècles passés, et de nous en faire une juste idée.

Quoi qu'il en soit, il est certain que la Sénéchaussée, cette vieille institution des ducs de Normandie, ne put être rétablie que de nom, par leurs successeurs, un moment maîtres de la France. Rien ne prouve qu'elle ait jamais fonctionné; que l'autorité des baillis ait été amoindrie, ni que les grands maîtres des eaux-et-forêts aient été dépouillés de leurs attributions.

En réalité, Wideville, Oldhalle et le lord Scales ne furent que des hommes d'épée. Ils eurent assez à faire de guerroyer contre les Normands, qu'ils ne purent réduire, sans se mêler de questions judiciaires, auxquelles ils n'entendaient rien. En gens pratiques, ils ne virent dans le titre qui leur fut accordé qu'une marque d'honneur qui les distinguait de leurs compagnons, et l'avantage réel de toucher, en outre de leurs appointements ordinaires de capitaines, un traitement fixé à raison de 2 nobles par jour.

Ce titre, rétabli dans l'intérêt de favoris, plutôt que dans celui des justiciables, et par des princes étrangers, Charles VII le conserva : il l'attribua, comme récompense, à Pierre de Breszé, qui lui avait rendu les plus signalés services dans la campagne de Normandie, notamment à la bataille de Formigny.

Breszé, pourvu déjà de la capitainerie de Rouen, et installé au château, prit possession de l'office de Sénéchal en la cohue du bailliage, l'assise séante, le 4 mai 1451 (1). Dès lors il ne fut guère désigné que sous le titre de Sénéchal ou de grand Sénéchal de Normandie. Il avait sous sa charge, en cette qualité, 8 hommes d'armes et 14 archers attachés à sa personne (2).

Grâce au crédit dont il jouissait, et qui paraissait à tous suffisamment justifié, son office prit une face nouvelle et fit de lui le personnage le plus important de la province; il se fit investir, comme Sénéchal, du pouvoir de décider par provision toutes les matières qui étaient portées par appel à l'Echiquier de Normandie, pouvoir d'autant plus grand que l'Echiquier se réunissait à des époques très éloignées l'une de l'autre, et que le temps manquait aux barons et aux magistrats qui le composaient pour prendre connaissance de toutes les affaires qui leur étaient déférées.

Je ne saurais dire si cette autorité lui fut attribuée dès le début. Ce qu'on peut affirmer c'est qu'il en jouissait en 1457.

Cette année-là, une sentence avait été rendue au bailliage de Rouen en faveur du baron de Clères et contre les religieux de Jumièges. Ces derniers firent appel à l'Echiquier. Le baron de Clères s'adressa, de son côté, aux gens du Conseil du Roi étant en Normandie; ceux-ci, considérant que l'Echiquier n'était pas séant, ni en terme d'être tenu en bref, donnèrent l'ordre au

(1) Délib. de la ville de Rouen.

(2) Bibliothèque de Rouen, Chartes relatives à Rouen, tome III, 1419-1499, quittance de Robert Breston, hôtelier de Rouen.

premier sergent qui serait requis par ledit de Clères, d'ajourner les religieux « par devant le Sénéchal et réformateur général de Normandie, ou son lieutenant, en son siège et auditoire de Rouen, pour par lui voir donner à l'exposant provision, en attendant la décision du procès principal et appel de jugement pendant en l'Echiquier, et à condition que ledit exposant bailleroit caution de restituer en fin de cause, s'il y eschéoit. » Le mandement est daté du 26 février 1456 (V. S.) (1).

Pierre de Breszé conserva jusqu'à la fin la confiance de Charles VII. Son mariage avec Jeanne Crespin lui avait procuré la possession de riches domaines en Normandie et un puissant auxiliaire dans la personne de son beau-frère, Antoine Crespin, archevêque de Narbonne.

A la mort de Charles VII, il n'échappa point à la disgrâce qui atteignit tous les amis et tous les favoris de ce prince, brouillé depuis longtemps avec son héritier présomptif. Louis XI le fit mettre en prison au château de Loches; il ne lui rendit la liberté qu'après lui avoir fait promettre d'accompagner le duc d'Anjou en Sicile, et après avoir obtenu son consentement au mariage de son fils Jacques de Breszé avec Charlotte, bâtarde de France, fille naturelle de Charles VII et d'Agnès Sorel.

Pendant la disgrâce de Pierre de Breszé, la Sénéchaussée fut occupée par Louis d'Estouteville, lieutenant et gouverneur-général pour le roi en Normandie.

(1) Arch. de la Seine-Inf. Fonds l'abbaye de Jumièges.

Ce fut en cette qualité de grand Sénéchal, qu'il reçut, le 5 décembre 1463, au nom du roi, l'hommage de Guillaume de Neufville pour deux tiers de fief situés en la paroisse de Prestreville, en la vicomté d'Orbec (1).

Quand il fut rentré en grâce auprès de Louis XI, Pierre de Breszé reprit son titre de Sénéchal de Normandie. Il en jouissait certainement lorsqu'il fut, en 1464, chargé d'une expédition en Angleterre. De retour en France, il prit parti contre les princes rebelles, et trouva la mort en combattant dans les rangs de l'armée royale à Mont-le-Héry.

S'il faut en croire Commynes, la fidélité de Breszé n'eût été pourtant rien moins que certaine, et même, au moment où se livra la bataille, il ne se serait pas trouvé libre de tout engagement envers les seigneurs révoltés. Louis XI « se soupçonnoit de ce grand Séneschal de Normandie; et luy demanda et pria qu'il luy dist s'il avoit baillé son scellé aux princes qui estoient contre luy ou non. A quoy ledit grand Séneschal répondit que ouy, mais qu'il leur demeureroit, et que le corps seroit sien : et le dit en gaudissant, car ainsi estoit-il accoutumé de parler. Le roi s'en contenta, et luy donna charge de conduire son avant-garde et aussi les guides, pour ce qu'il vouloit éviter ceste bataille. Ledit grand Sénéchal, usant de volonté, dit lors à quelqu'un de ses privés : « Je les mettray aujourd'huy si près l'un de l'autre, qu'il sera bien habile qui

(1) Bibliothèque de Rouen, Chartes relatives à Rouen, tome III, 1410-1499.

les pourra démesler : » et ainsi le fit-il, et le premier homme qui y mourut, ce fut luy et ses gens. »

Son corps fut rapporté à Rouen et inhumé, le 26 juilet 1465, avec de grands honneurs, en la chapelle de la Vierge, derrière le chœur de la Cathédrale, où se trouve encore son tombeau. Pendant longtemps on vit suspendue, dans la même chapelle, la riche tunique d'armes qu'il portait dans les batailles.

Après lui, Jacques de Breszé, comte de Maulévrier, de la Varenne, de Brichessac et de Nogent le Roy fut nommé Sénéchal de Normandie. Il eut le mérite de rester fidèle à Louis XI dans une circontance très importante. « Lorsque sa mère, Madame la grand Séneschalle de Normandie et aucuns, à son aveu, comme serviteurs et parents, mirent le duc Jean de Bourbon au chasteau de Rouen, » le Sénéchal se retira en toute hâte auprès du roi, et ne prit aucune part à cet essai de reconstitution d'un duché de Normandie, auquel bien des Normands, et les Rouennais en particulier, s'étaient montrés favorables. « Il leur sembloit et semble encore (écrit Commynes) que si grand duché comme le leur requiert bien un duc, et, à dire la vérité, la Normandie est de grande estime, et s'y lève de grands deniers. » Malheureusement un événement tragique fit perdre à Jacques de Breszé, en un instant, tout le bénéfice de sa fidélité. Son union avec Charlotte, bâtarde de France, n'avait pas été heureuse. Ayant surpris sa femme en adultère, il la tua sans considération pour sa qualité de sœur naturelle de Louis XI. Il fut poursuivi en justice, mis en prison, et enfin condamné à 100,000 l. d'amende envers le roi. Son office de Sénéchal fut donné à Jean Blosset, sieur de Saint-Pierre de Carrouges, qui avait été précédemment bailli de Caux.

Après la mort de Louis XI, Jacques de Breszé se pourvut au parlement de Paris et obtint, en 1484, un arrêt qui le renvoya en possession de ses biens. Charles VIII n'avait point attendu cet arrêt pour le déclarer réhabilité à ses yeux. Dès 1483, il lui avait rendu sa charge de Sénéchal. Breszé la conserva jusqu'en 1490.

Des lettres patentes données à Montils-lès-Tours, le 12 août de cette année, en investirent son fils Louis de Breszé, issu du mariage de Jacques de Breszé avec Charlotte, bâtarde de France.

Dans le préambule de ces lettres, le roi annonce qu'il a voulu récompenser, en la personne de ce dernier, « les très grands, louables, recommandables et très agréables services que ses prédécesseurs avaient par cy-devant et depuis longtemps fais aux rois de France, au fait de guerres, conquêtes et réductions des duchés de Normandie et Guyenne, à l'expulsion et déboutements de ses anciens ennemis et adversaires les Anglois, où ils s'estoient très grandement et vertueusement portés, sans avoir espargné corps ne biens. » Ordre fut donné au bailli de mettre Louis de Breszé en possession de son office, ce qu'il fit le lundi pénultième d'août 1490. Les lettres patentes de nomination furent lues, le 17 septembre suivant, à la cour de la Sénéchaussée, et, peu de temps après, à l'Echiquier.

Les gens des Comptes auxquelles elles avaient été

aussi adressées firent quelques difficultés pour les vérifier. Ils se fondaient sur ce que cet office n'avait été établi par Charles VII, en faveur de Pierre de Breszé, que jusqu'à ce que celui-ci eût été pourvu d'autre état et office honorable, » termes qui prouvent, en effet, que l'intérêt public n'avait été pour rien dans cette institution. Le roi dut rappeler par de nouvelles lettres, données à Montils-lès-Tours, les services rendus à la couronne par les Breszé, « dont le nom, clère fame, vertueuse et bonne renommée est et sera distinguée » à tout jamais. Il invoquait, à son tour, comme l'avait fait Henri V, l'autorité du *Coutumier*. Lui aussi avait considéré « que anciennement, longtemps au paravant les dons faits à Pierre de Breszé dudit office, y avoit au pays de Normandie ung officier nommé Séneschal. » Mais, sans s'inquiéter le moins du monde des fonctions toutes différentes que ce titre désignait autrefois, il déclarait que l'office de Sénéchal « estoit très utille et nécessaire pour l'exercice de la justice du pays en matière de provision, touchant les causes et procès introduits par dolléance en l'Eschiquier, qui ne tenoit pas ordinairement, et que cette institution redondoit au grand bien, entretènement et augmentation de la chose publique. »

Ces raisons ne parurent pas absolument convaincantes aux gens des Comptes, qui ne se rendirent, de guerre lasse, que sur de nouvelles lettres du roi, datées de Baugé, 28 septembre 1491 (1). C'était donner leur consentement à

(1) Arch. de la Seine-Inf. F. Bigot.

une allocation assez importante qui dut être ajoutée aux charges ordinaires de l'Etat.

On pense bien que le Sénéchal, homme de cour et d'épée, était trop occupé par ailleurs pour veiller, lui-même directement, à l'administration de la justice. Il lui suffisait qu'elle fût rendue en son nom, et que le sceau de la Sénéchaussée ne fût autre que le grand sceau de ses armes. Sous lui il y avait une cour véritable, avec lieutenants, conseillers, greffiers, huissiers, tout le personnel d'une juridiction considérable (1).

Au moment de partir pour l'expédition de Naples, Louis de Breszé vint déclarer aux Echevins de Rouen qu'il laissait charge, pour le remplacer, à M. d'Esneval, à M. de Sourdeval et à M. de Normanville, tous trois seigneurs de sa cour (2).

Je ne saurais dire si ces personnages lui devaient leur nomination. Je suis très porté à le supposer. Louis de Breszé avait épousé Catherine de Dreux, dame

(1) Voici les noms de quelques officiers de cette cour, que nous avons recueillis dans divers documents : Lieutenants : Jean De Drosay, lieutenant, 4 août 1478 ; Pierre Louvel, licencié-ès-lois, lieutenant-commis, 19 mars 1480 (V. S.), 1482 ; le même, qualifié président en la cour du Sénéchal, 22 juin 1489 ; Robert De la Fontaine, lieutenant, 27 juillet 1493 ; le même nommé par le roi lieutenant de la cour de la Sénéchaussée, 27 nov. 1497. Conseillers : MM. Philippe De Rynel et Pierre de Croismare, 4 août 1478. — Greffiers : Picart, 5 déc. 1463 ; Maugier, mars 1470 (V. S.). — 26 mars 1476 ; Heuzé, dernier juin, 20 juillet 1478 ; Turquetil, 26 août 1480 — 15 août 1481 ; Le Saonnyer, 14 mai 1483 ; Jubert, 25 oct. 1483 — 23 janv. 1483 (V. S.) ; Nicolas Aubert, 5 sept. 1488 — 8 juillet 1490 ; J. De la Rue, 19 oct. 1491 ; Le Saonnyer, 21 juin 1496.

(2) Délibération de la ville de Rouen, 10 mars 1493.

d'Esneval, et le sieur d'Esneval n'était autre que son beau-frère. Carbonnel, sieur de Sourdeval, était son cousin. Ces liens de parenté expliquent le choix du Sénéchal ; ils expliqueraient moins naturellement le choix de Charles VIII. Mais dès lors le lieutenant, qui était le véritable président de cette juridiction, et qui même ne tarda pas à en prendre le titre, était un légiste, un licencié ès-droits.

En 1497, la Sénéchaussée fut complètement réorganisée. Charles VIII se décida à la décorer, pour emprunter ses propres expressions, de notables personnages à nombre suffisant, tant d'église, que lais, gens lettrés, riches et puissans, auxquels il serait donné gages afin qu'ils ne prissent plus d'épices (1).

Elle se composait d'un président, Antoine Bohier, abbé de Saint-Ouen de Rouen ; de cinq conseillers d'église (Guillaume Austin, Robert Bapaulme, Guillaume Prevosteau et Jean De la Treilhe, licenciés en lois et décret) ; de sept conseillers lais (Robert De la Fontaine, Jean Du Bosc, Guillaume Toustain, Jean Heuzé, Louis Du Bosc, Pierre de Croismare) ; d'un gentilhomme, bien conditionné et expert pour exécuter les sentences de la cour (Jean Basset, sieur de Normanville) ; d'un greffier (Jacques Pestremol) (2) ; d'un huissier (Pierre De la Rue). Tous furent nommés par le roi, d'après un rôle qui lui fut présenté par Breszé le 20 avril après

(1) Les lettres d'établissement de la grande Sénéchaussée sont datées de Lyon, avril 1497. Elles ont été publiées au tome XX des *Ordonnances des rois de France*, 577-582.

(2) Jean Pestremol, aux registres des délibérations de la ville.

Pâques 1497. Tous étaient reconnus « comme souffisans clercs et coustumiers, congnoissans les droitz et coustumes, natifs et originaires du pays, ou, s'ils n'étoient du pays, du moins ydoines, congnoissans et entendans les loys et coustumes du pays. » Le roi accordait que leurs offices ne pourraient vaquer que par mort, forfaiture, démission pure et simple, et que Louis de Breszé aurait le droit, sa vie durant, de désigner à la nomination du roi leurs successeurs. Mais il était énoncé que ce droit ne passerait pas aux successeurs de Louis de Breszé, et qu'après lui le roi nommerait directement aux offices de la Sénéchaussée. Dès cette époque, le roi avait nommé directement les deux représentants de ce que nous appelerons le ministère public de cette juridiction. C'étaient : Robert Le Lieur, avocat du roi ; Guillaume Gouel, procureur du roi (1). La compétence de la Sénéchaussée consistait « à connoistre, décider et déterminer par provision de toutes et chacunes les causes, procès et matières des subjects du pays de Normandie qui estoient pendentes à l'Eschiquier, et semblablement des matières bénéficialles, réelles, personnelles, héréditalles et mobiliaires. »

Cette cour fut installée par le cardinal d'Amboise, lieutenant-général de Normandie, en l'absence du duc d'Orléans, gouverneur de la province, et du grand

(1) Et non Gruel, comme on le lit au tome XX des *Ordonnances*. Les gages étaient ainsi réglés : au président, 500 l. ; à chacun des conseillers clercs, neuf-vingts l. ; à chacun des conseillers lais, onze-vingts l. ; à l'huissier, 25 l. ; au gentilhomme, 300 l. ; à l'avocat du roi, 200 l. ; au procureur du roi, 25 l.

Sénéchal, assisté de M. de Bucy, frère du grand Sénéchal; de l'abbé de Fécamp, de M. d'Esneval, de M. le président Du Verger et des conseillers échevins de la ville de Rouen. La cérémonie eut lieu, le 3 juin 1497, en la grande cohue du bailliage, qui se trouvait alors située à l'intérieur du château (1). Tous les officiers furent appelés à prêter serment de fidélité entre les mains de l'archevêque.

Les noms des commissaires de la cour de la Sénéchaussée furent proclamés en l'audience de l'Echiquier le 24 novembre suivant.

Mais ce fut contrairement au vœu des Etats de Normandie, qui, ce jour là même, en plein Echiquier, révoquèrent la procuration qu'ils avaient donnée à Robert Alorge, procureur syndic de la ville de Rouen, qui, depuis plusieurs années, était en même temps procureur syndic de la Normandie (2). Jusque-là, il avait semblé que l'intérêt de cette ville ne pouvait être différent de celui de la province. L'affaire de la Sénéchaussée brouilla nos échevins avec les députés

(1) Délibérations de l'Hôtel-de-Ville de Rouen.

(2) C'était donc à tort que, dans ses lettres patentes d'établissement, le roi avait cru devoir alléguer le vœu des Etats de Normandie : « Deuement advertis que la court de la grande Sénéchaussée dudit pays de Normandie a esté anciennement establie aussi court souveraine dudit pays, pour donner provision aux matières introduites audit Eschiquier, en attendant la décision d'iceluy en iceluy Eschiquier et autres, pour connoistre des autres choses appartenant à office de grand Séneschal, laquelle court de lad. grant Séneschaussée a esté tousjours comme telle approuvée et recongnue par les gens des trois Estats dudit pays de Normandie, et ainsi en a esté usé par cy-devant. »

de la Normandie. Ceux-ci avaient demandé que la Sénéchaussée tînt ses assises trois mois chaque année en la ville de Caen, pour les bailliages de Caen et du Cotentin. Les échevins virent dans cette innovation une grave atteinte à la suprématie de la ville de Rouen, et s'étant ménagé l'appui du cardinal d'Amboise, de Mg[r] d'Orléans et Mg[r] de Bourbon, ils firent tant que la demande des Etats, accueillie d'abord favorablement, fut enfin et pour toujours écartée. Peut-être fut-ce à dessein de rendre le coup moins sensible aux députés que le roi les appela à concourir à la nomination des conseillers de la nouvelle juridiction. L'un des nouveaux magistrats, Jean Roussel, étant décédé, les députés de chaque bailliage furent invités à désigner six personnes entre lesquelles le roi aurait à en choisir une pour le remplacer. Cette désignation se fit, pour le bailliage de Rouen, à l'Hôtel-de-Ville de Rouen, le 6 décembre 1497 (1).

Cette cour de la Sénéchaussée, réorganisée par les soins du cardinal d'Amboise et du duc d'Orléans n'était qu'un acheminement à quelque chose de plus parfait, l'établissement d'un Echiquier perpétuel.

La Normandie en fut redevable à son ancien gouverneur, le duc d'Orléans, devenu roi sous le nom de Louis XII, et à l'archevêque de Rouen, son principal ministre. Cet Echiquier, composé d'un certain nombre d'officiers inamovibles, et résidant à Rouen, fut créé par édit du mois d'avril 1499.

(1) Délibérations de l'Hôtel-de-Ville de Rouen, 3 juin, 6 déc. 1497.

La grande Sénéchaussée fut alors supprimée. Mais on laissait à Louis de Breszé son titre, ses appointements, ses marques d'honneur, et même le droit de venir siéger à l'Echiquier, d'y prendre séance, non pas au premier rang, mais immédiatement après les présidents, et d'y donner son avis comme les conseillers de cette cour.

Quelques années après le titre de Parlement fut donné à cette haute juridiction, dont la longue histoire nous a été retracée par notre savant et regretté confrère M. Floquet.

A partir de cette époque, la qualification de Sénéchal ne fut plus qu'une vaine décoration. Elle n'en fut pas moins conservée précieusement par Louis de Breszé. Après lui, sa seconde femme, la fameuse Diane de Poitiers, se fit appeler jusqu'à la fin la grande Sénéchale. C'est une preuve, malgré certaines apparences contraires, qu'elle n'avait point oublié complètement son mari. Mais on peut affirmer que ni lui, ni elle, n'eurent jamais la moindre reconnaissance à l'auteur du *Coutumier* du XIIIe siècle, sans lequel cette belle qualification eût été inévitablement perdue. Il est vrai que pour ce légiste elle désignait une autorité réelle, et que pour eux c'était quelque chose de vague et même d'indéfinissable, un son qui frappait l'oreille et n'apportait rien de précis à l'esprit.

Il est à remarquer que, bien que la Sénéchaussée eût été bien et dûment supprimée, les éditions du *Coutumier* de 1510 et de 1521 en parlent encore comme d'une institution toujours subsistante.

C'est une singularité de plus à noter dans l'histoire de la Sénéchaussée. C'est aussi une nouvelle preuve du besoin que nous avons de contrôler même les témoignages les plus sérieux et les plus désintéressés, si nous ne voulons pas être induits en erreur.

Vous me pardonnerez, Monsieur, d'avoir essayé de vous suivre sur un terrain où je me suis rarement aventuré, et qu'il n'y aurait sûreté pour moi à parcourir qu'en vous prenant pour guide. La nécessité où j'étais de vous répondre, la convenance que je voyais à le faire sans trop de retard, parce que notre plus grand désir était de vous avoir le plus tôt possible au milieu de nous, voilà ma meilleure excuse. La seule chose que je vous serai obligé de retenir de ce discours, composé à la hâte, c'est l'assurance que vous trouverez ici ce que vous vous êtes flatté d'y rencontrer : des rapports empreints d'une franche cordialité ; des esprits éclairés qui s'intéressent à toute sorte de recherches ; j'ajouterai, bien que ceci ne puisse vous concerner, la bienveillance poussée jusqu'à l'extrême indulgence, comme le prouvent assez clairement la place que j'occupe en ce moment et l'honneur que j'ai de vous recevoir. Puisque ce rôle m'a été dévolu, j'en profiterai pour joindre mes remerciements aux vôtres. M'adressant directement aux membres de cette Compagnie, je leur témoignerai ma reconnaissance de vous avoir accueilli dans leurs rangs, et de m'avoir ainsi permis d'ajouter un nouveau titre à ce titre d'ami, qui m'est tout particulièrement agréable, et dont le prix s'augmente pour moi à mesure que les années s'ajoutent aux années.

Rouen. — Imprimerie de Espérance Cagniard.

www.ingramcontent.com/pod-product-compliance
Lightning Source LLC
Chambersburg PA
CBHW051405060726
47596CB00005B/2093